BOEKANALYSE

The Diving Bell and the Butterfly

· · · · · · · · · · · · · · · · ·

JEAN-DOMINIQUE BAUBY

BOEKANALYSE

Geschreven door Audrey Millot
Vertaald door Nikki Claes

The Diving Bell and the Butterfly

Jean-Dominique Bauby

JEAN-DOMINIQUE BAUBY

FRANS JOURNALIST EN SCHRIJVER

- **Geboren in Parijs in 1952.**
- **Overleden in Berck-sur-Mer (Nord-Pas-de-Calais, Frankrijk) in 1997.**
- **Opmerkelijke werken:**
  - *Raoul Lévy, un aventurier du cinéma* ("Raoul Lévy, een avonturier van de cinema", 1995), biografie
  - *The Diving Bell and the Butterfly* (1997), autobiografische roman

Jean-Dominique Bauby werkte als hoofdredacteur van het vrouwentijdschrift *ELLE* en had een passie voor journalistiek en het leven in het algemeen. Zijn wereld stortte in op 8 december 1995, toen hij een beroerte kreeg en in een diepe coma raakte. Toen hij daaruit ontwaakte, leed hij aan het locked-in syndroom, wat betekent dat hij, hoewel zijn geestelijke vermogens intact waren, volledig verlamd was en niet meer kon bewegen, eten, spreken of zelfs ademen zonder hulp. Dit syndroom werd beschreven in *De graaf van Monte Cristo* (1845) van Alexandre Dumas, *père* (Franse schrijver, 1802-1870), maar pas in 1947 werd het eerste geval van deze zeldzame neurologische aandoening medisch gediagnosticeerd. Bauby's roman *The Diving Bell and the Butterfly* liet het grote publiek weten hoe het voelt om gevangen te zitten in je eigen lichaam, maar de auteur overleed enkele dagen na de publicatie ervan in 1997.

THE DIVING BELL AND THE BUTTERFLY

EEN HARTVERSCHEUREND PERSOONLIJK VERHAAL

- **Genre:** autobiografische roman
- **Referentie-uitgave:** Bauby, J. (2008) *The Diving Bell and the Butterfly*. Londen: Harper Perennial.
- **1e editie:** 1997
- **Thema's:** ziekte, dood, liefde, tijd, openbaring, communicatie, ziekenhuisopname, eenzaamheid

Nadat een beroerte hem niet meer in staat stelde zinvol met andere mensen te communiceren, besloot Jean-Dominique Bauby een boek te schrijven om zijn levensverhaal te vertellen. Het resultaat is een hartverscheurend verslag van de ervaringen van een man die door sommigen werd omschreven als een "groente" (p. 90).

Met de hulp van een logopedist slaagde Bauby erin te communiceren door met zijn linkerooglid te knipperen voor "ja" en twee keer voor "nee". Hij gebruikte deze methode om letters van het alfabet aan te duiden die hem door een spreker werden voorgelezen, en zo woorden en zinnen te vormen, om uiteindelijk een heel boek te dicteren. Van de roman zijn tot op heden miljoenen exemplaren verkocht, en hij werd in 2007 door Julian Schnabel (Amerikaans schilder en regisseur, geboren in 1951) bewerkt voor de bioscoop.

SAMENVATTING

The Diving Bell and the Butterfly is geen lineaire roman. In 28 hoofdstukken vertelt de auteur-verteller over zijn leven in het marineziekenhuis in Berck-sur-Mer, waar hij na zijn beroerte woonde, afgewisseld met anekdotes uit zijn vorige leven, poëtische of fantasievolle dromen en bespiegelingen. De titels van de hoofdstukken zijn persoonlijk voor hem, en verwijzen naar voorwerpen of aspecten van zijn leven in het ziekenhuis of zijn leven voor de beroerte.

HOOFDSTUKKEN OVER ZIJN DAGELIJKS LEVEN

Gebed

In dit hoofdstuk gaat Bauby openlijk in op zijn aandoening, het locked-in syndroom, en beschrijft vervolgens de grote, diverse groep mensen die bijeen is gekomen om voor zijn herstel te bidden. Hij vertelt ook over zijn dochter, Céleste, en zegt dat haar gebed het mooiste van allemaal is.

Badtijd

Bauby vertelt over zijn "wekelijkse bad" dat "hem tegelijkertijd in nood en geluk dompelt" (p. 24). In zekere zin is het een aangenaam moment omdat hij zijn lichaam weer kan voelen, maar het roept ook heimwee op naar de tijd voor zijn ongeluk. Hij voelt zich verscheurd tussen geluk en vernedering: hij is blij dat hij verzorgd wordt omdat hij zich daardoor minder alleen voelt, maar tegelijkertijd voelt hij zich infantiliseerd door het feit dat hij niets voor zichzelf kan doen. Op de dag dat hij voor het eerst een rolstoel probeert, wordt Bauby gedwongen te accepteren dat hij gehandicapt is, en dit besef raakt hem hard.

Het alfabet

Het Locked-in syndroom verhindert alle verbale of schrifte-lijke communicatie, aangezien de patiënt niet meer kan spre-ken of zijn handen kan gebruiken. Hij kan echter wel knipperen, en dankzij een door zijn logopedist bedacht sys-teem waarmee hij letters van het alfabet kan selecteren, kan Bauby met zijn dierbaren communiceren. Hij merkt op: "Het is een eenvoudig genoeg systeem. Je leest het alfabet af (ESA-versie, niet ABC) totdat ik je met een knipoog stop bij de te noteren letter" (p. 28).

Guardian Angel

Dit hoofdstuk brengt hulde aan het geduld en het harde werk van Sandrine, zijn logopediste, die een grote rol speelt in zijn leven nu hij niet meer zelfstandig kan wonen. Zij vertegen-woordigt zijn enige contact met de buitenwereld: "Zij is degene die de communicatiecode heeft ingesteld zonder welke ik van de wereld zou zijn afgesneden" (blz. 47).

Stem Uit

Hoewel Bauby zijn gedachten niet meer hardop kan uitspre-ken, belet dit hem niet om innerlijk te oordelen over de men-sen om hem heen. Hij beschrijft de arts die zijn rechterooglid dichtnaaide omdat het "niet langer zijn functie als bescherm-kap vervulde, en ik het risico liep op een zweer op het hoorn-vlies" door te zeggen dat "hij het toonbeeld was van de zorgeloze arts: arrogant, bruusk, sarcastisch" (pp. 61-62). Hij vindt deze uitbarstingen van humor onmisbaar "om [zijn] geest scherp te houden, om niet weg te zakken in berustende onverschilligheid" (blz. 63).

Mijn geluksdag

Bauby herinnert zich een bijzonder moeilijke dag waarin hij een aantal vernederende voorvallen meemaakte, waaronder een ongeluk met zijn urineslang. In zijn verhaal wordt het incident echter eerder tragikomisch dan een reden tot medelijden. Als de verpleegster in zijn kamer komt om hem schoon te maken, zet ze de televisie aan en een reclameboodschap vraagt: "Ben je gelukkig geboren?" (p. 65). Aangezien hij een van de zwaarste gevallen van het ziekenhuis is en dagelijks vernederingen ondergaat, voelt Bauby zich verre van gelukkig. Hij is ook hel-der genoeg om te begrijpen dat zijn toestand de verpleegsters en minder zieke patiënten enigszins ongemakkelijk maakt.

HOOFDSTUKKEN OVER ZIJN DROMEN, HERINNERINGEN EN OVERPEINZINGEN

De Keizerin

Bauby laat zijn lezer kennismaken met de vrouw van Napoleon III (1808-1873), en door zijn vaardigheid als vertel-ler lijkt het alsof keizerin Eugénie (1826-1920) echt door de gangen van het ziekenhuis dwaalt.

Cinecittà

Het Marine Hospitaal lijkt misschien deprimerend, maar het laat Bauby's verbeelding de vrije loop: "De buitenwijken van Berck lijken op een modelbaan. Een handvol gebouwen aan de voet van de zandduinen geeft de illusie van een Western spookstad" (p. 37). Hij waant zich in een nieuwe rol, die van "de grootste regisseur aller tijden" (*ibid*.).

De worst

Omdat Bauby zich niet kan voeden, heeft hij geen plezier meer in het eten. Hij bestrijdt dit door zich voor te stellen dat hij gaat eten: "Voor genot moet ik me wenden tot de levendige herinnering aan smaken en geuren, een onuitputtelijk reservoir van sensaties. Ooit was ik een meester in het recyclen van restjes. Nu cultiveer ik de kunst van het sudderen van herinneringen" (p. 44). Hij heeft nog steeds een levendige jeugdherinnering aan de worst die hij vroeger proefde alsof het snoepgoed was. Bauby's ervaring kan worden beschouwd als het tegenovergestelde van die van Marcel Proust (Franse schrijver, 1871-1922): terwijl de smaak van een madeleine Proust terugbracht naar zijn kindertijd, zijn het Bauby's jeugdherinneringen aan eten die zijn relatie met voedsel in stand houden.

De foto

Bauby denkt liefdevol terug aan zijn vader, die hem vanwege zijn leeftijd niet heeft kunnen bezoeken in het ziekenhuis. Hij stuurt hem een oude vakantiefoto, die Bauby inspireert tot herinneringen aan de zomer en zijn leven in Parijs.

Bauby bracht een zomer door in Berck-sur-Mer met zijn ouders, jaren voordat hij in het ziekenhuis werd opgenomen. Hij herinnert zich de laatste keer dat hij zijn vader zag in zijn appartement in Parijs, en vertelt over het eenvoudige gebaar dat hij die dag maakte door hem te scheren: "Nu ben ik degene die ze elke ochtend scheren, en ik denk vaak aan hem terwijl een verpleegster moeizaam mijn wangen schraapt met een week oud mes. Ik hoop dat ik een attentere Figaro was" (p. 53). Door deze vergelijking trekt hij een parallel tussen invaliditeit en ouderdom, wat aangeeft dat zijn geest nog scherp is: "We zijn allebei opgesloten gevallen, elk op zijn eigen manier: ikzelf in mijn karkas, mijn vader in zijn appartement op de vierde verdieping" (pp. 52-53).

Nog een ander toeval

Voor de beroerte was Bauby van plan *De graaf van Monte Cristo te* herschrijven. Hij vraagt zich gekscherend af of hij door de goden is gestraft omdat hij "met meesterwerken wil knoeien" (p. 56).

De droom

Tijdens een droom verandert Bauby zijn beroerte in een aflevering van een detectiveserie, waarin hij het slachtoffer is van een vreemde, bijna surrealistische plot: "In plaats van glazen en flessen bengelen rijen plastic buizen naar beneden als zuurstofmaskers in een vliegtuig in nood. [Ik ben volledig gedrogeerd" (p. 59).

Onze eigen Madonna

Bauby herinnert zich een reis die hij eind jaren zeventig maakte met zijn toenmalige vriendin Josephine. Hij beschrijft zijn eigen slechte humeur en egoïsme: toen ze samen op vakantie waren, kon hij zijn aandacht niet afleiden van het boek dat hij aan het lezen was, *Trail of the Snake*, en dit leidde tot ruzie tussen hen. Hij vertelt enkele anekdotes in dit hoofdstuk, waaronder hun bezoek aan Lourdes, de stad van de wonderen.

Through a Glass, Darkly

Het is wanneer zijn kinderen hem bezoeken dat Bauby zich het pijnlijkst bewust is van zijn handicap:

> *"Met zijn gezicht nog geen meter van het mijne zit Theophile geduldig te wachten – en ik, zijn vader, heb het simpele recht verloren om door zijn borstelige haar te woelen, zijn donzige nek vast te pakken, zijn kleine, lenige, warme lichaam stevig tegen me aan te drukken. Er zijn geen woorden voor. Mijn toestand is monsterlijk, onrechtvaardig, weerzinwekkend, verschrikkelijk. Plotseling kan ik niet meer." (p. 79)*

Parijs

De beroerte heeft een breuk veroorzaakt met zijn vorige leven, dat hem zo vreemd begint te lijken dat hij zijn eigen stad, Parijs, begint te zien als een filmdecor dat "me onverschillig liet" (p. 86).

De raap

Geruchten over zijn toestand verspreiden zich over Parijs: "'Wist je dat Bauby nu een totale groente is?' zei er een"

(p. 90). Zijn trots gekrenkt, besluit Bauby in contact te blijven met zijn geliefden, vrienden en familieleden om te bewijzen dat hij nog leeft en kan communiceren door middel van schrijven.

Bauby legt uit waarom hij voor het schrijven heeft gekozen. Ten eerste is het een soort wraak: hij wil bewijzen dat hij niet tot een vegetatieve toestand is gereduceerd en dat anderen "zich bij [hem] kunnen voegen in [zijn] cocon" (*ibid*.). Zijn belangrijkste motivatie is echter om in contact te blijven met de buitenwereld: veel van zijn vrienden zijn hem gaan schrijven, en hun brieven zijn een prachtig bewijs van hun vriendschap.

"Een dag uit het leven"

Bauby vertelt over de dag van zijn ongeluk en beschrijft zijn leven voor de beroerte: "Zoals miljoenen Parijzenaars, met lege ogen en een doffe teint, begonnen Florence en ik als zombies aan een nieuwe strafdag in de onbeschrijflijke chaos die de staking veroorzaakte" (p. 127). Zijn leven was saai, repetitief en beheerst door gewoonte. De dag van zijn ongeluk ligt nog levendig in zijn geheugen, en het Beatles-nummer "A Day in the Life", dat hij die ochtend had gehoord en probeerde te spelen, staat stevig in zijn geheugen gegrift. Na zijn dag bij *ELLE* magazine vertelt Bauby over zijn gezinsleven. Die avond ging hij zijn zoon Theophile ophalen bij zijn moeder. Zodra hij in de auto stapte om naar huis te rijden, begon zijn zicht wazig te worden. Na een paar bochten moest hij stoppen. Zijn schoonzus bracht hem met spoed naar het ziekenhuis, waar hij in coma raakte.

Seizoen van vernieuwing

Bauby lijkt te houden van de rust van september, die ver afstaat van de drukte van de terugkeer naar het werk na de zomervakantie die hij elk jaar in Parijs meemaakt. Ondanks de wanhoop die hij voelt wanneer hij alledaagse voorwerpen ziet, zoals de tas van Claude en het schrift, en zijn gevoel niet meer bij de wereld te horen, eindigt hij zijn boek met een hoopvolle noot: "We moeten blijven zoeken. Ik ga er nu vandoor" (p. 139). Hij heeft een verlangen naar actie dat zich uit in zijn poging om met zijn hoofd in een denkbeeldige wereld te duiken om de wanhoop te verdrijven.

KARAKTERSTUDIE

DE AUTEUR-VERTELLER

De hoofdpersoon van het boek is de auteur-verteller, wiens persoonlijkheid zich in de loop van de roman openbaart. Voor zijn ongeluk was Bauby een zeer actieve man die volop leefde: "Mijn snelle humeur, mijn liefde voor boeken, mijn mateloze smaak voor lekker eten, mijn rode cabriolet – niets wordt overgeslagen" (p. 94). Paradoxaal genoeg beschrijft hij ook zijn vorige bestaan in nogal sombere termen, omdat hij volledig opging in zijn dagelijks leven, alleen de negatieve kanten van de dingen zag en geen tijd maakte om van de geneugten van het leven te genieten. Hij erkent ook zijn eigen egoïsme en hypocrisie in zijn beschrijving van zijn relatie met Josephine.

Zijn beroerte verandert hem: hij wordt volwassener en geduldiger, en gaat meer aandacht besteden aan zijn omgeving. Nu zijn lichaam een gevangenis is geworden, ziet Bauby het als een "duikklok" van waaruit hij naar de wereld kan kijken zonder eraan deel te nemen. Hij beseft dat zijn leven voor zijn ongeluk grotendeels zinloos was en krijgt meer waardering voor de waarde van vriendschap, waarbij hij geniet van elk kostbaar moment met zijn vrienden en familie. Bovendien ontroeren de brieven die hij ontvangt hem en onthullen ze onvermoede diepten bij sommige van zijn dierbaren: "Was ik blind en doof geweest, of is er een ramp nodig om iemands ware aard te tonen?" (p. 91). Na het ongeluk laat hij het masker dat hij gebruikte om zich aan te passen aan andere mensen varen en laat hij het verleden niet langer op hem drukken. Hij is zich ervan bewust dat zijn ongelukkige toestand andere mensen ongemakkelijk maakt.

Het locked-in syndroom heeft zijn gevoel van eigenwaarde verbrijzeld, en hij heeft het gevoel dat hij niet langer echt tot het menselijk ras behoort: "Vanaf het begin van dit boek heb ik me voorgenomen mijn laatste momenten te beschrijven als een perfect functionerende aardbewoner" (p. 127). De term "perfect functionerend" is een andere indicatie van zijn verlies aan gevoel van eigenwaarde, omdat het impliceert dat mensen slechts machines zijn en dat Bauby, nu hij aan bed gebonden is, gewoon is opgehouden met werken. Dit geeft een sterke indicatie van de psychologische impact van de ziekte. Als zijn kinderen hem op Vaderdag knuffelen, beschrijft hij zichzelf als "een ruwe schets, een schaduw, een klein fragment van een vader" (p. 80). Hij voelt zich een omhulsel van een persoon en een last voor anderen.

Ondanks zijn handicap behoudt hij zijn gevoel voor humor, bijvoorbeeld wanneer hij "een paar druppels water met citroensmaak en een halve theelepel yoghurt" een "feestmaal" noemt (blz. 43).

ANDERE PERSONAGES

De familie Bauby

Zijn kinderen Theophile, Hortense en Celeste, die hij niet meer in zijn armen kan houden, zijn erg belangrijk voor Bauby, hoewel ze bijna afwezig zijn in het verhaal. Hij noemt ook zijn vader, wiens situatie vergelijkbaar is met de zijne: op 92-jarige leeftijd kan hij de trap in zijn gebouw niet meer aflopen. Zijn dierbaren troosten hem en maken zijn situatie wat draaglijker: met name zijn dochter Celeste en zijn vader zijn "de twee buitenste schakels van de keten van liefde die [hem] omringt en beschermt" (p. 49). Omgekeerd spreekt hij nauwelijks over de moeder van zijn kinderen, of over Josephine, een oude vriendin met wie hij een "gecompliceerde" relatie had (p. 67).

De medische staf

Hij spreekt ook zeer liefdevol over de medische staf en zijn fysiotherapeut. Hoewel sommigen van hen wat ruw en tactloos zijn, zegt hij: "Ik besefte dat ik dol was op al deze beulen van mij" (p. 119). Hij vertelt ook over zijn logopediste, die hem de code leerde die hij gebruikt om te communiceren: hij noemt haar zijn "beschermengel", een duidelijke indicatie van haar belang voor hem. Zij is de enige persoon die met hem kan communiceren, waardoor zij een soort brug vormt tussen zijn geest en de buitenwereld.

Hoewel ze grotendeels anoniem zijn, speelt het medisch personeel een essentiële rol: ze verzorgen Bauby en doen er alles aan om aan de hand van letters van het alfabet te achterhalen wat hij probeert te zeggen. Hij worstelt echter met het feit dat hij afhankelijk is van artsen en verpleegkundigen: in het hoofdstuk "Badtijd" merkt hij bitter op: "Ik kan het grappig vinden, in mijn vijfenveertigste jaar, om schoongemaakt en omgedraaid te worden, om mijn billen afgeveegd en omwikkeld te krijgen als die van een pasgeborene" (p. 24).

Bauby verdeelt de mensen die met hem praten in drie categorieën: "nerveuze bezoekers" die "toonloos en op topsnelheid het alfabet afratelen" (p. 29), "r]eticente mensen" die van het alfabet "een artillerie spervuur" maken (*ibid.*) en "eticuleuze mensen" die "nooit fout gaan" (p. 29-30). Hij heeft de indruk dat dit nieuwe communicatiesysteem een soort spel is dat de mensen om hem heen proberen te spelen in een poging een vorm van contact met hem tot stand te brengen.

ANALYSE

DE STIJL EN STRUCTUUR VAN DE ROMAN

The Diving Bell and the Butterfly bestaat uit 28 korte hoofdstukken, die elk een herinnering, alledaagse situatie of reflectie beschrijven in de vorm van een soort flashback. Bauby gebruikt elke episode om zijn emoties over te brengen, die zich nu beperken tot zijn geest.

Gewichtige thema's

Thema's in de roman zijn liefde, eenzaamheid, ziekte, dood, communicatie, psychologie (met name het zelfbeeld en het lijden van gehandicapten) en hospitalisatie. Een van de belangrijkste thema's is tijd, en meer bepaald het verstrijken van de tijd.

De auteur is geïmmobiliseerd en gevangen in het heden door zijn ziekte, waardoor hij geen andere keuze heeft dan naar het verleden te kijken en zijn vroegere ervaringen te herbeleven. Hierdoor ontstaat een constante parallel tussen het verleden en zijn leven zoals het was, en het heden en zijn leven zoals het nu is. Hoewel hij enige spijt heeft van de manier waarop hij in het verleden heeft geleefd, is hij zich ook scherp bewust van het geluk dat hij heeft verloren.

Door zich te verdiepen in zijn herinneringen, die hij met humor en nederigheid benadert, kan hij het geluk vasthouden dat hij nu kwijt is en dat hij destijds niet ten volle waardeerde.

Het thema ziekte is intrinsiek verbonden met Bauby's gevoelens en gewaarwordingen. Nu hij gevangen zit in zijn eigen lichaam en zijn indrukken niet kan delen met andere mensen, gebruikt hij zijn boek om uitgebreid te praten over zijn gevoelens, of die nu prettig of onprettig zijn. Vanaf de eerste bladzijden van de roman is angst alomtegenwoordig, want Bauby vertelt ons dat hij bang is te sterven, zijn plaats in de maatschappij te verliezen, weg te drijven van zijn kinderen en niet meer te kunnen communiceren: "Irrationele angst overviel me. Wat als deze man zich zou laten meeslepen en ook mijn linkeroog zou dichtnaaien, mijn enige verbinding met de buitenwereld […]?" (p. 61).

We voelen ook duidelijk de verbittering en woede van de auteur over de oneerlijkheid van zijn situatie, die nog wordt versterkt door de frustratie die hij dagelijks voelt. Hij heeft zijn vrijheid verloren en is volledig afhankelijk van anderen, en hij kan niet meer spreken, wat betekent dat de mensen om hem heen hem, ondanks hun inspanningen, niet volledig kunnen begrijpen. Bijgevolg is hij niet in staat zijn eigen beslissingen te nemen in sommige situaties waarin hij zich bevindt, zoals wanneer een "harteloze sukkel" (blz. 48) de wedstrijd Bordeaux-München in de rust uitschakelt, hoewel hij wilde blijven kijken. Hij beschrijft zichzelf ook op een humoristische, zelfspottende manier: hij verwijst bijvoorbeeld naar zichzelf als "een hoofdredacteur die niet eens de naam van zijn eigen tijdschrift kan uitspreken!". (p. 48).

Schrijfstijl

De roman is geschreven in de tegenwoordige tijd, en hoewel de auteur af en toe de verleden tijd gebruikt om zijn herinneringen op te halen, komt de toekomstige tijd niet voor in het verhaal. In het eerste hoofdstuk, "De rolstoel", beschrijft Bauby zijn groeiende ontgoocheling. Aanvankelijk was zijn "zwervende geest bezig met duizend projecten" (p. 15), maar toen "zag hij in één flits de beangstigende waarheid" dat hij niet beter zou worden en de rest van zijn leven vast zou zitten (p. 17). Hij ziet snel de ernst van zijn situatie in en weerstaat de drang om zich vast te klampen aan valse hoop door een combinatie van moed en berusting. In de eerste twee hoofdstukken van de roman legt hij uit waarom het boek in de tegenwoordige en verleden tijd is geschreven: hij staat zichzelf niet toe over de toekomst te praten, omdat hij denkt dat hij geen toekomst heeft. Aangezien de roman autobiografisch is en de auteur en de verteller dezelfde persoon zijn, schrijft hij in de eerste persoon en richt hij zich rechtstreeks tot zijn lezers: "U kunt zich de acrobatiek niet voorstellen […]" (p. 48).

De episodes van de roman worden verteld in een willekeurige volgorde op basis van wanneer Bauby ze zich herinnert. Hij laat zich leiden door zijn geheugen en wisselt voortdurend tussen verslagen van triviale gebeurtenissen in het ziekenhuis en episodes uit zijn verleden voor het ongeluk.

Bauby hanteert een originele schrijfstijl en maakt vaak ongewone, onverwachte vergelijkingen: "In één flits zag ik de beangstigende waarheid. Het was verblindend als een atoomexplosie en scherper dan een guillotine" (p. 17). Het beeld van de guillotine is krachtig en brengt Bauby's gevoel dat hij veroordeeld is tot een brute straf zonder hoop op hoger beroep doeltreffend over.

EEN ROMAN OVER GEVANGENSCHAP?

Bauby's visie op de wereld is tegelijk realistisch en poëtisch. Hij is afgesloten van de rest van de wereld, opgesloten in de glazen bel van zijn duikklok, waar zijn "geest opvliegt als een vlinder" (p. 13). Deze duikklok is het beeld dat hij heeft gekozen om het gevoel van gevangen zijn in zijn eigen lichaam over te brengen. Hij contrasteert dit met het beeld van een vlinder om te illustreren dat hij de kracht heeft om rond te fladderen tussen zijn herinneringen en de kleine momenten van het leven te verzamelen. Hij zwelgt niet in zelfmedelijden, maar weet om zichzelf te lachen en grijpt elke gelegenheid aan om de sensaties van zijn vroegere leven met verhoogde intensiteit door te nemen: de geur van patat, een denkbeeldige ontmoeting met keizerin Eugénie (waarvan een buste voor het ziekenhuis staat), het nadenken over de manier waarop de buitenwijken van Berck-sur-Mer op een filmset lijken, enz.

De titel *The Diving Bell and the Butterfly* drukt Bauby's gevoel uit dat hij een gevangene is, gevangen in zijn lichaam en afgesneden van de wereld, wiens geest zijn enige middel is om te ontsnappen. Het is alsof hij in een glazen duikklok zit, want zijn relaties met de wereld en zijn zintuigen zijn drastisch anders. Hij kan niet spreken of praten, zijn zicht is beperkt omdat hij alleen door zijn linkeroog kan zien, en zijn gehoor is zwaar aangetast: "Mijn rechteroor is volledig geblokkeerd en mijn linkeroor versterkt en vervormt alle geluiden verder dan tien meter" (p. 103). Hij gebruikt humoristische vergelijkingen om zijn frustratie over te brengen: "Wanneer een vliegtuig een advertentie voor het plaatselijke pretpark over het strand sleept, zou ik zweren dat er een koffiemolen op mijn trommelvlies is geënt" (*ibid.*).

Maar onder het gewicht van deze duikklok ontdekt hij een nieuw vermogen: observatie. Hij beseft bijvoorbeeld dat zijn omgeving zijn zwijgen moeilijk vindt ("Wat zou ik graag met iets anders dan stilte op deze tedere oproepen reageren. Ik weet dat sommigen van hen het ondraaglijk vinden", blz. 49) en hij krijgt inzicht in de pijn van anderen, met name die van zijn vader ("Het kan niet gemakkelijk voor hem zijn om te spreken met een zoon die, zoals hij heel goed weet, nooit zal antwoorden", blz. 53) en die van zijn ex-vrouw ("Achter een donkere bril die een vlekkeloze hemel weerspiegelt, huilt ze zachtjes over onze verwoeste levens", blz. 82).

Hoewel hij onmiskenbaar het slachtoffer is van zijn gevangenschap, geeft hij ook blijk van een opmerkelijke creativiteit: "Ver van zulk lawaai, wanneer de gezegende stilte terugkeert, kan ik luisteren naar de vlinders die in mijn hoofd fladderen" (blz. 104-105). Deze vlinders symboliseren zijn vermogen om het onzichtbare te zien en het onhoorbare te horen, als een zesde zintuig dat zich pas ontwikkelt wanneer zijn andere zintuigen zijn uitgeschakeld. Dit vermogen stelt hem ook in staat te dromen en betoverende werelden te scheppen. De metafoor van een vlinder die van bloem naar bloem fladdert staat dus voor de vrijheid van zijn geest.

EEN BUITENGEWOON VERMOGEN OM

Bauby's verbeelding, herinneringen en culturele referenties stellen hem in staat de trieste, alledaagse wereld van het ziekenhuis nieuw leven in te blazen. Hij heeft een buitengewoon vermogen om te ontsnappen in de poëzie of in zijn verbeelding. Het meest treffende voorbeeld hiervan is het hoofdstuk "De keizerin". Keizerin Eugénie, echtgenote van Napoleon III, was beschermvrouwe van het Marinehospitaal, en de ziekengalerij bewaarde twee verslagen van haar bezoek. Bauby neemt ons mee naar het verleden en beschrijft "de kletsende kudde wachtende dames" en "[Eugénie's] hoed met gele linten" (p. 32), maar wordt al snel teruggebracht naar de werkelijkheid wanneer hij "het hoofd van een man die uit een vat formaldehyde leek te komen" (*ibid.*) weerspiegeld ziet in het raam. Wanneer hij beseft dat deze misvormde, afzichtelijke man niemand minder is dan hijzelf, barst hij in lachen uit. In plaats van te huilen om zijn lot, kiest hij ervoor om "alles als een grap te beschouwen" (p. 33).

Er zijn vele andere voorbeelden van dit vermogen om te ontsnappen en te creëren: in het eerste hoofdstuk stelt hij zich voor dat de hulpverleners "filmgangsters zijn die worstelen om het lichaam van de gedode informant in de kofferbak van hun auto te leggen" (p. 17), waarmee hij humor injecteert in wat een tragische situatie had kunnen zijn. Evenzo herinnert de okerkleur van de bakstenen muren bij zonsopgang hem aan de tint van zijn Griekse grammaticaboek en aan zijn studie, en dit helpt hem om de lichtroze tint van de gangen van het ziekenhuis, die doet denken aan een pleister, te vergeten.

Een andere illustratie van zijn scheppend vermogen is zijn vermogen om zich in andermans schoenen te verplaatsen en zich voor te stellen als piloot of hardloper. In het hoofdstuk "Cinecittà" wordt hij bijvoorbeeld de "grootste regisseur aller tijden" (blz. 37) op het balkon van het ziekenhuis, dat uitkijkt over de buitenwijken van Berck-sur-Mer. Dit is ongetwijfeld ook een manier om afstand te nemen van zijn eigen tragedie, door deze naar het rijk van de fictie te verplaatsen. In het hoofdstuk "Voice Off" stelt hij zich zelfs voor een toneelstuk over zijn ervaring te maken: "Het toneelstuk volgt de avonturen van meneer L in de medische wereld" (p. 63). Door over zichzelf te spreken in de derde persoon en zich voor te stellen dat hij achter de schermen van een theater staat, bagatelliseert Bauby zijn situatie en maakt hij zijn lezers aan het lachen.

Ten slotte stelt hij zich ook voor als verschillende fictieve personages. Hij vergelijkt zichzelf met het standbeeld van Commendatore in de laatste akte van Mozarts (Oostenrijkse componist, 1756-1791) *Don Giovanni* (1787) wanneer hij "een half uur hangt" op een schuine plank die langzaam verticaal wordt gezet (p. 41), en later vergelijkt hij zichzelf met de oude man Noirtier de Villefort uit *De graaf van Monte Cristo* van Dumas.

EEN NIEUWE KIJK OP HET LEVEN

Bauby lijkt zijn verhaal te gebruiken om ons aan te moedigen het beste te maken van ons geluk, dat niet eeuwig zal duren. Zijn ongeluk heeft hem doen beseffen dat hij vroeger een goed leven had, maar dat nooit echt op prijs stelde; zijn handicap heeft hem een meer filosofische kijk op het leven gegeven. Door zijn reflectie zien we dat hij, toen hij nog gezond was, nooit echt ten volle heeft geleefd. Hij beschrijft zijn oude ik als een zombie, gevangen in een routine die hij slechts leek te tolereren. De woede en passie die hij als jonge journalist voelde, lijken geleidelijk te zijn verdwenen.

Na zijn bijna-doodervaring bekijkt hij zijn leven en zijn geliefden totaal anders. Hij heeft een meer volwassen, kalmere kijk op het leven. Hij is zich bewust geworden van de waarde van elk klein ding: "Ik voerde mechanisch al die eenvoudige handelingen uit die me vandaag wonderbaarlijk lijken: scheren, aankleden, een warme chocolademelk drinken" (blz. 128). Tegelijkertijd is hij gedesillusioneerd geraakt over de manier waarop hij voor het ongeluk leefde. Nu hij zich bewust is van de waarde van elk moment, wordt hij zich bewust van de slechte keuzes die hij heeft gemaakt, vastgelopen in zijn routine en niet bereid zijn geluk te waarderen. Hij herinnert zich het laatste intieme moment dat hij met zijn vriendin Florence doorbracht: "Hoe kan ik beschrijven hoe ik voor de laatste keer wakker word, achteloos, misschien een beetje chagrijnig, naast het lenige, warme lichaam van een lang donkerharig meisje?" (p. 127). Later denkt hij opnieuw aan deze episode, in het licht van zijn nieuwe bewustzijn, en beseft hij dat hij nooit verder heeft gekeken dan de minst belangrijke details van zijn routine en zijn kijk op het leven heeft laten vertroebelen, in plaats van zich te concentreren op de dingen die er echt toe doen. Dit plotselinge besef is pijnlijk, omdat hij beseft dat hij een groot deel van zijn leven aan zich voorbij heeft laten gaan. Hij merkt op: "Vandaag lijkt het mij dat mijn hele leven niets anders was dan een aaneenschakeling van die kleine bijna-ongelukken [...] de vrouwen die we niet konden beminnen, de kansen die we niet hebben

gegrepen, de momenten van geluk die we hebben laten ver-
vliegen" (p. 102).

Deze constatering is echter niet alleen bitter. Zijn beroerte
heeft hem de ogen geopend voor het belang van kleine toe-
valligheden en bijzondere momenten: "Er is altijd een kans
dat we op een onbekend hoekje van het ziekenhuis stuiten,
nieuwe gezichten zien of in het voorbijgaan een vleugje
kookkunst opvangen" (blz. 36). Zijn boek eindigt zelfs met
een optimistische noot, omdat hij beseft dat we kracht in
onszelf moeten vinden in plaats van in externe bronnen.

VERDERE REFLECTIE

ENKELE VRAGEN OM OVER NA TE DENKEN...

- Beschrijf de algemene toon van het boek.

- Tot welk genre behoort deze roman volgens u? Kunnen we zeggen dat het een dagboek of een autobiografie is? Licht je antwoord toe.

- *The Diving Bell and the Butterfly is* geen lineaire roman. Verklaar deze uitspraak.

- Bauby schreef dit boek terwijl hij verlamd en aan zijn ziekenhuisbed gekluisterd was. Gelooft u dat kunst (schrijven, muziek, schilderen, enz.) mensen kan helpen om moeilijkheden in hun leven te overwinnen? Breid uw antwoord uit.

- Contemplatie en lezen zijn solitaire activiteiten die toegankelijk zijn voor Bauby, gevangen in zijn duikklok. Waarom heeft hij deze bezigheden nodig in zijn leven, "net zo wanhopig als hij adem moet halen" (p. 63)?

- Hoe zou u de relatie tussen Bauby en zijn kinderen en vader na de beroerte beschrijven?

- "Was ik blind en doof geweest, of is er een ramp nodig om iemands ware aard te tonen?" (p. 91). Wat vindt u van deze beschouwing? Leidt lijden volgens jou tot een scherper besef van mensen, de wereld en het leven?

- Beschrijf de auteur voor en na het ongeluk. Wat heeft de beroerte aan hem veranderd?

- Leg uit hoe Bauby vergeleken kan worden met Marcel Proust.

- Met welk ander werk zou je *The Diving Bell and the Butterfly* vergelijken? Leg je keuze uit.

VERDER LEZEN

REFERENTIE-UITGAVE

Bauby, J. (2008) *De duikerbel en de vlinder.* Londen: Harper Perennial.

AANPASSINGEN

The Diving Bell and the Butterfly. (2007) [Film]. Julian Schnabel. Dir. Frankrijk: Pathé Renn Productions.

*We horen graag van jou! Laat
een reactie achter op jouw online bibliotheek
en deel je favoriete boeken op social media!*

www.50minutes.com

Master ISBN: 9782808688116
Papier ISBN: 9782808699518
Wettelijk depot: D/2023/12603/1231

Omslag: © Primento

Digitaal ontwerp: Primento, de digitale partner van uitgevers.